Carsten Freitag

Bausteine moderner Parlamentarismustheorie. Koalitionsverhandlungen und die Rolle von Parlamenten anhand einer Fallstudie

Zu ausgesuchten Teilen der Studie "Regieren in Koalitionen. Handlungsmuster und Entscheidungsbildung in deutschen Länderregierungen" von Sabine Kropp

GRIN Verlag

Bibliografische Information der Deutschen Nationalbibliothek:

Die Deutsche Bibliothek verzeichnet diese Publikation in der Deutschen National-
bibliografie; detaillierte bibliografische Daten sind im Internet über http://dnb.d-
nb.de/ abrufbar.

Impressum:

Copyright © 2003 GRIN Verlag GmbH
Druck und Bindung: Books on Demand GmbH, Norderstedt Germany
ISBN: 978-3-640-88563-3

Dieses Buch bei GRIN:

http://www.grin.com/de/e-book/44199/bausteine-moderner-parlamentarismustheo-
rie-koalitionsverhandlungen-und

GRIN - Your knowledge has value

Der GRIN Verlag publiziert seit 1998 wissenschaftliche Arbeiten von Studenten, Hochschullehrern und anderen Akademikern als eBook und gedrucktes Buch. Die Verlagswebsite www.grin.com ist die ideale Plattform zur Veröffentlichung von Hausarbeiten, Abschlussarbeiten, wissenschaftlichen Aufsätzen, Dissertationen und Fachbüchern.

Besuchen Sie uns im Internet:

http://www.grin.com/

http://www.facebook.com/grincom

http://www.twitter.com/grin_com

Carsten Freitag
Politikwissenschaften
Jahrgang 2000

Bausteine moderner Parlamentarismustheorie.

Koalitionsverhandlungen und die

Rolle von Parlamenten anhand einer Fallstudie.

Literaturbericht

Parlamentarismustheorie im Wandel

23.526

1. Einleitung und Fragestellung

„Das Grundgesetz sieht nur eine einzige unmittelbar demokratische Legitimation vor, die der Wahl des Parlaments. Alle anderen Staatsorgane leiten sich vom Bundestag bzw. den Landtagen ab und sind entsprechend minder legitimiert."[1] Doch wie steht es um die verfassungsmäßig einzig wirklich demokratisch legitimierten Institutionen in Deutschland? Welche Position übernehmen die Parlamente im politischen Orchester Deutschlands heutzutage?

Über diese Fragen gibt es seit längerem wissenschaftliche Auseinandersetzungen anhand verschiedener Parlamentarismustheorien. Extreme Positionen beziehen das klassisch-liberale Parlamentarismusverständnis auf der einen Seite und die von Leibholz entwickelte Parteienstaatstheorie auf der anderen. Wolfgang Rudzio ist der Meinung die Bundesrepublik „(...) trägt zwar parteienstaatliche Züge, ohne doch im vollen Sinne Parteienstaat zu sein."[2]

Dieser Literaturbericht will sich der Frage weniger von der theoretischen Seite als vielmehr von der Seite der praktischen Politik aus nähern. Dies geschieht anhand der Betrachtung einer Fallstudie zum Thema Koalitionen auf Landesebene. Die Arbeit beschäftigt sich mit ausgesuchten Teilen der Studie „Regieren in Koalitionen. Handlungsmuster und Entscheidungsbildung in deutschen Länderregierungen" von Sabine Kropp. Im Mittelpunkt des Interesses stehen die Koalitionsverhandlungen.

Diese Studie von verschiedenen Koalitionsverhandlungen und deren übergreifenden Gemeinsamkeiten bietet Möglichkeiten, aus der Realität heraus, Antworten auf die Frage nach der Relevanz von Länderparlamenten zu finden. Aus Struktur und Ablauf der Koalitionsverhandlungen sowie aus den Handlungen der beteiligten Koalitionspartner sollen Rückschlüsse auf die reale Position der Parlamente im Politikprozess gezogen werden.

Die übergeordnete Fragestellung der Arbeit ist demnach, welches Verständnis von der Rolle von Parlamenten sich aus der Betrachtung von Koalitionsverhandlungen gewinnen lässt. Von Interesse sind daher hauptsächlich die Aussagen zur Rolle des Parlamentes. Die Arbeit ist daher selektiv und es werden größere Teile der Studie ausgeklammert.

Im ersten Teil werden die Ziele der Studie aufgezeigt und der Aufbau sowie die theoretischen Grundlagen zusammengefasst.

---

[1] Wolfgang Rudzio: Das politische System der Bundesrepublik Deutschland, 5. Auflage, Opladen 2000, S. 50
[2] Ebd., S. 120

Der zweite Abschnitt befasst sich dann mit den konkreten Erkenntnissen der Fallstudie. Hier steht die Beschreibung der Koalitionsverhandlungen im Vordergrund. Die Koalitionsverhandlungen sind daher von besonderem Interesse, da sie das Bindeglied zwischen der Wahl und der späteren parlamentarischen Arbeit darstellen und ein großer Teil der Politik bereits hier festgelegt wird.

Die Rolle und das Verständnis von Parlamentarismus soll dann im dritten Teil anhand der Betrachtung der Fallbeispiele herausgearbeitet werden.

In der Schlussbetrachtung werden die Ergebnisse zusammengefasst und eine abschließende Bewertung vorgenommen.

2. Hauptteil

2.1 Die Fallstudie, Aufbau und Theorie

Die von Sabine Kropp vorgelegte Fallstudie hat drei exemplarisch ausgesuchte Koalitionen auf Landesebene zum Gegenstand. Betrachtet werden die Koalitionen in den Ländern Rheinland-Pfalz (SPD/FDP, 1996-2001), Sachsen-Anhalt (SPD/B'90/Grüne, Tolerierung durch PDS, 1994-1998) und Thüringen (CDU/SPD, 1994-1999), sowie ihre Vorgeschichte.[3]

Diese drei Koalitionen wurden wegen ihrer großen Differenzen untereinander ausgewählt. Durch die Auswahl größtmöglicher Unterschiede können die gefundenen Gemeinsamkeiten im Koalitionshandeln als relativ sicher gelten.

So sollen empirisch analytische Instrumente entwickelt werden, die die verschiedenen Ebenen des Koalitionshandelns systematisch miteinander verknüpfen. Da Koalitionen eine wichtige Schnittstelle im Regierungssystem darstellen und somit die Regierungspraxis wesentlich bestimmen, will die Studie die Theoriebildung vorantreiben und gleichzeitig Einblicke in die Praxis gewähren.[4]

Für die Fragestellung des Literaturberichts sind die theoretischen Ansichten der Autorin zum Parlamentarismus von Interesse, da sie die Herangehensweise an die Analyse und die Interpretation der Ergebnisse beeinflusst. Die Autorin nimmt die pessimistischen Betrachtungsweisen, nach denen die Parteien in den Parlamenten eine übermächtige Rolle spielen, zur Kenntnis. Sie ordnet den Parlamenten jedoch eine eigene Entscheidungsfunktion zu, abgegrenzt zum Parteienwettbewerb. Begründet wird dies mit den in den Parlamenten beschlossenen staatlichen

---

[3] Sabine Kropp: Regieren in Koalitionen, Wiesbaden 2001, S. 90
[4] Vgl. ebd., S. 17

Steuerleistungen, sowie mit dem Spielraum der Fraktionen gegenüber den Parteien.[5] „Fraktionen sind deshalb auch mehr als nur ,Parteien im Parlament'."[6] Einer eher Parteienstaatlichen Sichtweise wird nur eingeschränkt gefolgt. Die Autorin akzeptiert eine dominierende Macht des Parteienwettbewerbs auf der parlamentarischen Ebene, trotzdem sieht sie dort auch kooperative Elemente.[7]

Zur Analyse von Koalition müssen ohnehin mehrere miteinander verwobene Ebenen betrachtet werden, von denen die parlamentarische nur eine ist. Hier ist bereits eine Aussage über die Relevanz von Parlamenten zu erkennen.[8]

2.2 Erkenntnisse über Koalitionsverhandlungen

Die Erkenntnisse der Studie über das Fallbeispiel der Koalitionsverhandlungen werden im folgenden im Hinblick auf die Rolle der Parlamente zusammengefasst. Dabei werden hier lediglich die Aussagen erwähnt, die für die Fragestellung als wichtig erachtet werden.

Wie werden die Wahlergebnisse umgesetzt? Aus der Wahl des Parlamentes leitet eine Koalition ihre Legitimation ab. Wie wird also mit dem Wählerwillen umgegangen, und hat das Parlament mehr als nur einen formalen Stellenwert? Der Wählerwille äußert sich in den von den Parteien erzielten Mandaten im Parlament. Diese stellen nun für die Parteien eine wichtige Ressource dar, die in den Koalitionsverhandlungen genutzt werden kann.[9] Ein ebenfalls wichtiger Aspekt ist der des „dominant players", einer Partei die z.B. damit drohen kann mit einem anderen Partner zu koalieren.[10] Es zählt somit nicht die rein parlamentarische Stärke einer Partei, sondern vielmehr ihre relative oder perzipierte Stärke.[11] Von einer exakten Umsetzung des Wählerwillens gemäß der parlamentarischen Verhältnisse kann also nicht gesprochen werden, da der Einfluss einer kleinen Partei wie, z.B. der F.D.P. in Rheinland-Pfalz, größer sein kann als er dem Parlament nach ein dürfte.[12]

Ein weiterer wichtiger Aspekt ist der *personale Faktor*: Einzelne Personen spielen oft eine maßgebliche Rolle, da bei Koalitionsverhandlungen immer nur kleine Zirkel die wichtigen Entscheidungen treffen und oft werden „(...) die Fraktion, die Leitungsebene der Regierung und die Parteispitzen in der [Verhandlungs-

---

[5] Vgl. ebd., S. 64
[6] Ebd., S. 64
[7] Vgl. ebd., S. 67
[8] Vgl. ebd., S. 67
[9] Vgl. ebd., S. 108
[10] Vgl. ebd., S. 108 und 114
[11] Vgl. ebd., S. 108 ff.
[12] Vgl. ebd., S. 109

]Kommission personell miteinander verzahnt, (...)."[13] Eine Trennung zwischen Fraktion und Partei findet nicht statt.[14] Besonders zugespitzt wird dies, wenn der P!rteivorsitzende eine starke Position inne hat, wie z.b. in Rheinland-Pfalz Rainer Brüderle bei der F.D.P.[15] Es kommt dann im wesentlichen auf das Verhandlungsgeschick der Akteure an. Nicht selten spielen auch persönliche Beziehungen zwischen Spitzenpolitikern eine große Rolle.[16] Das Parlament ist hier nur insofern von Belang, als dass es den Akteuren einen Teil der Mittel bereitstellt die sie beim Bargaining einsetzen können.

Auch *parteiinterne Faktoren* lassen Rückschlüsse auf die Relevanz der Parlamente zu. Hier zeigt sich der starke Einfluss, den insbesondere die Parteien bei Koalitionsverhandlungen haben. Walkampfstrategien und Wunschkoalitionen legen Politik zum Teil schon vor der Wahl fest. Je nach Partei gibt es Unterschiede bei der Machtverteilung. Entweder hat die parlamentarische Fraktion eine starke Position oder eine mächtige Parteiorganisation kontrolliert das Ruder.[17] Im letzteren Fall spielt dann auch die innerparteiliche Willensbildung eine größere Rolle, die generell der parlamentarischen Willensbildung vorgeschaltet wird.[18]

Bei der Betrachtung von Koalitionen ist das Parlament nur eine unter mehreren *Handlungsarenen*. Koalitionsverträge beinhalten auch eine hierarische Gliederung der Handlungsebenen.[19] Das Parlament spielt hier eine untergeordnete Rolle, da es sich um einen Vertrag zwischen Parteien handelt. Einiges an parlamentarischer Arbeit kann in einem Koalitionsvertrag bereits vorweggenommen werden. Je präziser diese Regelungen sind, umso positiver ist dies für die Koalition.[20] Dementsprechend besitzt dann auch das Parlament weniger Entscheidungsmöglichkeiten. Um diese Art der informellen Regelung so wenig wie möglich zu gefährden, werden Koalitionsverhandlungen am besten diskret geführt, dies führt zu geringer Transparenz des Prozesses.[21] Die bereits erwähnte Vermischung von Partei und Fraktion während Koalitionsverhandlungen zeigt, dass es sich beim Parlament kaum noch um eine eigene Handlungsebene handelt.[22] Die Handlungsebene der Bundespolitik jedoch hat, im Hinblick auf

---

[13] Ebd., S. 122
[14] Vgl. ebd., S. 99, 122 und 120
[15] Vgl. ebd., S. 94
[16] Vgl. ebd., S. 107, 126
[17] Vgl. ebd., S. 104 ff.
[18] Vgl. ebd., S. 123 und 139
[19] Vgl. ebd., S. 135 ff.
[20] Vgl. ebd., S. 135
[21] Vgl. ebd., S. 121

Bundesratsentscheidungen, bei Koalitionsverhandlungen auf Länderebene keine durchschlagende Wirkung.[23]

Dem *Verbot wechselnder Mehrheiten* kommt besondere Bedeutung zu, da es ein Instrument ist um Abgeordnete an eine Parteilinie zu binden. Die Parlamentarier dürfen danach nur nach ausdrücklicher Freigabe mit der Opposition gegen die Regierung stimmen. Das freie Mandat wird hier zum Teil erheblich eingeschränkt. Dennoch ist der einzelne Abgeordnete nicht ohne Einfluss. Es gibt laut Kropp trotzdem etliche Parlamentarier von hohem und mittlerem Einfluss.[24] Daher werden der parlamentarischen Abstimmung „(...) fraktionsinterne und innerparteiliche Willensbildungsprozesse vorgelagert, (...)."[25] Diese Verlagerung der Entscheidungen hat wiederum Einfluss auf die Relevanz des Parlamentes.

Zur besseren Koordinierung der Arbeit und der verschiedenen Handlungsebenen wird oft ein *Koalitionsausschuss* eingerichtet. Hier werden innerhalb kleiner Gruppen die wichtigen Streitfragen erörtert und Entscheidungen getroffen.[26] „Versuchte man die Parlamente als den Ort für Konfliktlösungen einzusetzen, stiegen der Zeitaufwand für den Argumentationsprozeß und damit die Transaktionskosten erheblich an."[27] Es erscheint für Koalitionen, im Sinne der Effizienz, notwendig derartige von den Verfassungsorganen losgelöste Entscheidungsgremien zu bilden. Diese fassen dann Parlament, Partei und andere Ebenen in kleinen Gruppen zusammen.[28]

2.3 Folgerungen für die Rolle des Parlamentes

Die vorangegangenen Betrachtungen zeichnen das Bild eines Parlamentes, dass nur in wenigen Situationen eine bedeutende Rolle spielt. Die größte Rolle spielt es indem es durch die Wahl den jeweiligen Koalitionsparteien Ressourcen für die Verhandlungen zur Verfügung stellt. Doch selbst hier wird seine Bedeutung eingeschränkt, denn in Koalitionsverhandlungen wird meist nicht die parlamentarische Mandatsverteilung abgebildet. Kleinere Parteien erhalten aufgrund einer Position als dominant player oft mehr Ressorts als ihnen von ihren Mandaten her zustehen würde.

---

[22] Vgl. ebd., S. 132
[23] Vgl. ebd., S. 99
[24] Vgl. ebd., S. 138 ff.
[25] Ebd., S. 139
[26] Vgl. ebd., S. 140 ff.
[27] Ebd., S. 141
[28] Vgl. ebd., S. 142

Bei den Verhandlungen sind die Parlamentsfraktionen der jeweiligen Parteien selbstverständlich vertreten. Hier jedoch, wo oft wichtige Entscheidungen für die gesamte Legislaturperiode getroffen werden, übernehmen zum großen Teil die Parteien und nicht selten einzelne Personen das Ruder. In den Verhandlungskommissionen stellen die Fraktionen immer nur einen Teil des Personals während die Schlüsselfragen oft von den Parteispitzen allein entschieden werden. Später werden dann die Fraktionen durch das Verbot wechselnder Mehrheiten an diese Entscheidungen gebunden sein. Entscheidungen, auf die sie nur eingeschränkt Einfluss nehmen konnten. Wichtige Streitfragen werden später nicht im Parlament diskutiert, sondern in Koalitionsausschüssen behandelt. Dem Parlament fehlt hier die Effizienz.

„Koalitionsverhandlungen sind das Herzstück der *informalen* Regierungsbildung, obschon ihnen Formalisierungstendenzen innewohnen."[29] Der Verhandlungsprozess ist informell, ebenso wie auch daraus hervorgehende Gremien wie z.B. Koalitionsausschüsse. Dementsprechend haben formal legitimierte und verankerte Organe wenig Einfluss auf die darin ablaufenden Prozesse. Die Rolle des Parlamentes ist hier begrenzt, es tritt zumeist flankierend auf. Am Anfang des Prozesses zur Regierungsbildung liefert es die Grundlagen, die Legitimation und über die Mandate einen Teil der Ressourcen. Am Ende des Prozesses tritt es wieder in Aktion, indem es den Ministerpräsidenten wählt. Der entscheidende Prozess in der Mitte wird jedoch hauptsächlich von anderen Akteuren gestaltet.

Die Parteien und deren Spitzenfunktionäre sind die maßgeblichen Akteure bei der Regierungsbildung. „Koalitionsvereinbarungen sind somit Ergebnis von Tauschhandlungen zwischen Parteien; sie spiegeln die Durchsetzungskraft der jeweiligen Parteien in den Koalitionsverhandlungen wider."[30]

Während der betrachteten Phasen einer Koalition spielt das Parlament eine untergeordnete Rolle. Es werden Entscheidungen in informelle Gremien ausgelagert, um der Ineffizienz des Parlaments zu entgehen. Insgesamt kann man sagen, dass die formalen Institutionen wie das Parlament selten nur noch mehr als formale Funktionen haben.

---

[29] Ebd., S. 120
[30] Ebd., S. 157

3. Schlussbetrachtung

Bei der Bewertung der Ergebnisse der Analyse muss zunächst betont werden, dass die Analyse anhand nur einer Studie zu dem Thema stattfand. Darüber hinaus wurde eine enge Fragestellung gewählt und demzufolge nur ein kleiner Teil des Materials selektiv untersucht. Daher können die Schlussfolgerungen mit Sicherheit nicht auf die Rolle von Parlamenten in Deutschland insgesamt verallgemeinert werden.

Die Analyse dieses kleinen Ausschnittes lässt jedoch einen klaren Schluss zu. Bei Koalitionsverhandlungen auf Länderebene spielen die Parlamente nur eine untergeordnete Rolle. Die Verhandlungen spielen sich in erster Linie zwischen den Parteien ab. Hier gelten die besonderen Regeln informeller Regierungsbildung.

Daraus ergeben sich weitere kritische Fragen. Wie steht es um die Transparenz dieser Prozesse? Auf welcher rechtlichen Grundlage beruhen die Verhandlungen? Wer überwacht und kontrolliert diese informellen Entscheidungsfindungsprozesse? Was bedeutet es, wenn ein wesentlicher Prozess innerhalb der heutigen Politik zum großen Teil in den Händen der Parteien liegt, außerhalb jeder demokratischen Institution?

Transparenz ist bei Koalitionsverhandlungen kaum vorhanden, sie wird auch nicht angestrebt, da sie im Grunde nur die Effizienz senkt. Die rechtliche Grundlage ist schwammig, zum einen findet der Prozess außerhalb der rechtlich verankerten Institutionen statt, zum anderen hat ein Koalitionsvertrag letztlich nur symbolische Wirkung. Überwachung und Kontrolle sind daher nur eingeschränkt möglich. „Entscheidungseffizienz und Anforderungen an die demokratische Qualität eines Verfahrens, wie Transparenz und Partizipation, stehen sich oft eher als Widersprüche gegenüber, als dass sie eine symbiotische Beziehung eingehen."[31]

Die Parteien sind je nach parteientheoretischer Auffassung ein wichtiger Teil des demokratischen Systems, ein abzuschaffendes Übel oder bereits die legitime Verkörperung des Staatswesens. Festhalten kann man, dass sie bei Koalitionsverhandlungen eine Arena besitzen, in der sie die Regeln festlegen und die sie fast alleine beherrschen können.

Die einzigen, wirklich demokratisch legitimierten Institutionen in Deutschland spielen nur die zweite Geige.

---

[31] Ebd., S. 142

4. Literaturverzeichnis

Kropp, Sabine: Regieren in Koalitionen, Wiesbaden 2001

Rudzio, Wolfgang: Das politische System der Bundesrepublik Deutschland, 5. Auflage, Opladen 2000